UN MINISTRE DU ROY!!!

ÉTUDE DE MŒURS

GOUVERNEMENTALES, JÉSUITIQUES ET MALTHUSIENNES

ARRANGÉE, COMPILÉE ET IMITÉE

DE LABRUYÈRE

PAR

Caton le Censeur

Quousque tandem abutere,
Basile ! patientia nostra ?........

PARIS,

GARNIER FRÈRES, ÉDITEURS,

RUE RICHELIEU, 10.

1851

454. — Paris, imprimerie GUIRAUDET,
338, rue Saint-Honoré.

OBSERVATIONS PHYSIOLOGIQUES

POUR SERVIR

DE PRÉFACE.

Il n'est pas de visage humain auquel un observateur exercé ne trouve une ressemblance incontestable avec tel ou tel animal ; et, si l'on étudie avec soin un certain nombre d'individus, on est effrayé en voyant combien ces ressemblances physiques se reproduisent au moral ; ce sont presque toujours les mêmes instincts que ceux de l'animal auquel on ressemble.

Quelquefois, ce que l'on appelle la raison humaine, *mens humana*, les a un peu modifiés ; mais plus souvent encore, cette raison, inspirée par les passions et de sordides intérêts, n'a fait que rendre ces instincts plus violents, plus cruels et plus atroces qu'ils ne le sont chez l'animal privé de raison.

Or, nous supposerons que le visage d'un homme ne saurait ressembler davantage à celui de l'homme des bois, vulgairement appelé jocko, que le visage de notre héros que nous nommerons M. de Saint-Ignace.

Qui ne sait que cette ressemblance avec le roi des singes indique :

1° Une astuce, une méchanceté diaboliques ;

2° L'art de contrefaire admirablement tout ce que l'on veut, depuis les plus minces vertus, jusqu'au génie lui-même, de manière à tromper complétement la foule qui juge volontiers un homme d'après ce qu'on dit, ce qu'il fait dire, et souvent ce qu'il dit lui-même de son propre mérite ;

3° Une activité extrême et maladive ;

4° Enfin une habileté sans pareille à faire tirer par des dupes les marrons du feu, comme on le voit dans la belle vignette anglaise du singe et du chat.

Qui n'a rencontré quelque part, sous un chapeau quelconque, cette tête, si admirable d'expression, d'un singe qui plonge dans un brasier ardent la patte d'un pauvre chat que l'on entend crier ?.....

C'est à cette mise en action si spirituelle de la charmante fable de Bertrand et Raton, que nous devons l'idée-mère de ce caractère que nous ruminions déjà depuis plusieurs années.

———

Il n'est pas moins remarquable que l'ensemble et la conformation générale du corps d'un individu influent également sur son caractère moral.

Ceci, cette supposition, car il est bien entendu que nous supposons toujours, va sembler peut-être un peu étrange :

Le corps très long et très maigre, les longues jambes, les longs bras, les longs doigts crochus et recourbés de notre héros doivent figurer, autant que le peut un corps humain, une grande et belle araignée de murailles.

En conséquence, l'on doit trouver dans ce noble personnage cette habileté profonde et savante dans l'art d'ourdir une trame, et de tendre une toile invisible et perfide, mais sûre, où viendront se prendre tous les infortunés qu'il lui faut pour bâtir la fortune qu'il a rêvée, et qu'il réalisera encore plus immense s'il est possible.

Personne n'excellera, comme cette araignée humaine, à enfermer dans un réseau de piéges inextricables le malheureux qui s'est trouvé sur son chemin à l'état d'obstacle possible à sa fortune; il l'enroulera et l'enveloppera sans relâche jusqu'à ce que l'on ne voie plus, sous ses fils redoublés, qu'une pelote informe, et que le cadavre ait disparu aux yeux de tous.

Son instinct de vampire impitoyable ne verra dans l'homme qu'une matière exploitable à merci, et du sang à sucer pour le digérer en or.

Avare et d'une voracité gloutonne, le monstre à double face dévore, dévore toujours, sans pouvoir engraisser ni se rassasier jamais.

Il nous semble impossible qu'un caractère où viennent se grouper tous les traits que comportent les analogies dont nous venons de parler, n'inspire quelque curiosité et peut-être un peu d'horreur, et tel est notre but.

Peut-être qu'aujourd'hui où le désintéressement, cette vertu si essentiellement républicaine, doit être à l'ordre du jour, un pareil type semblera forcé et hors de toute vraisemblance; mais l'on se souviendra que la République succède à une monarchie qui avait érigé la corruption en système, et remplacé tout sentiment d'honneur, de probité, de délicatesse et de moralité par le seul culte de l'or.

Dans tous les cas, notre but capital, notre but de tous les temps, est, en publiant ces pages, de montrer aux hommes les excès où les entraînent trop souvent des instincts funestes qui malheureusement sont en germe au fond de tous les cœurs.

Trop heureux si nous pouvons ainsi ramener au goût de la simplicité, de la médiocrité et de la sobriété de toute chose un seul des hommes appelés à gouverner et à diriger un jour notre jeune République !

Quant à ceux qui se reconnaîtraient, ou que l'on croira reconnaître dans le caractère que nous allons essayer de développer, que ce soit leur châtiment et leur pilori ! ! !

I.

A tout seigneur, tout honneur !

Place à l'immortel Labruyère ! à lui de commencer le feu, sauf à nous à pointer les coups, de manière à ce que tous portent en pleine cible.

Fuyez, retirez-vous ; vous n'êtes pas assez loin. —

— Je suis, dites-vous, sous l'autre tropique. —

— Passez sous le pôle et dans l'autre hémisphère ; montez aux étoiles, si vous le pouvez. —

— M'y voilà. —

— Fort bien, vous êtes en sûreté..... Je découvre sur la terre un homme avide, insatiable, inexorable, qui veut aux dépens de tout ce qui se trouvera sur son chemin et à sa rencontre fatale, et quoi qu'il en puisse coûter aux autres, pourvoir à lui seul, grossir sa fortune et regorger de biens.....

M. de Saint-Ignace est son nom. —

Ne traitez pas avec M. de Saint-Ignace.

Il n'est touché que de ses seuls avantages ; le piége est tout dressé à ceux à qui sa charge, sa terre, son fils, ou ce qu'il possède feront envie ; il vous imposera des conditions extravagantes.

Il n'y a nul ménagement, nulle compensation à attendre

d'un homme si plein de ses intérêts, et si ennemi des vôtres, qu'il lui faut une dupe.

Rien ne fait mieux comprendre le peu de choses que Dieu croit donner aux hommes en leur abandonnant les richesses, l'argent, les grands établissements, et les autres biens de ce monde que la dispensation qu'il en fait, et le genre d'hommes qui en sont le mieux pourvus.

M. de Saint-Ignace a déjà acquis plus de deux millions sans faire aucune espèce de commerce... — Je me trompe. — Il a fait un mariage, le sien, et des successions..... — Il a encore plusieurs mariages à faire, ceux de ses fils, et qui sait le nombre de ses successions à venir, et où peut par conséquent, s'arrêter la fortune d'un pareil homme ?....

L'on ne saurait s'empêcher de voir, dans certaines familles, ce qu'on appelle les caprices du hasard ou les jeux de la fortune; il y a cent ans que l'on ne parlait point de ces familles, qu'elles n'étaient point ; leur nom même n'était que le nom d'un champ de blé ou d'un pâturage.

Le ciel tout à coup s'ouvre en leur faveur; les biens, les honneurs, les dignités fondent sur elles à plusieurs reprises, elles nagent dans la prospérité et dans la propriété.

M. de Saint-Ignace, un de ces hommes qui n'ont point de grand-père, a eu un père qui s'est élevé assez haut par son mariage, pour que son fils ne dût souhaiter mieux que de l'atteindre.

Grâces aux bons pères jésuites, ses patrons, et gens si habiles à se servir de tous les sacrements pour saisir une fortune, M. de Saint-Ignace a épousé encore plus de millions que son père.

Est-ce leur éminence d'esprit, leur profonde capacité, ou les conjonctures qui ont fait l'élévation de ces personnages ?

Bientôt peut-être la fortune ira se jouer ailleurs, et traitera leur postérité comme leurs ancêtres.

Il n'y a dans le monde que deux manières de s'élever : ou son propre génie, ou l'imbécillité des autres. —

M. de Saint-Ignace est connu par de grands talents.... dont il lui reste, il est vrai, à faire preuve ; mais que l'on est convenu de lui reconnaître sur parole, dans une certaine coterie renommée par une exquise noblesse.... de manières et de langage. — Nous ne disons pas de pensées et de sentiments. — Non moins que par un aveuglement incurable, effet sans doute de la caducité. —

M. de Saint-Ignace jouit donc, dans ce monde-là du moins, de l'estime et de la considération publiques ; il est recherché, fêté, honoré, glorifié dans toutes les réunions de son parti dont il est l'espoir et le coryphée.

Il n'est petit que dans son intérieur, et aux yeux de ses proches et de ses domestiques qu'il n'a pu amener à l'aimer, le respecter, l'estimer.

Ses enfants mêmes n'ont pour lui que mépris et que haine ; ils vengent leurs grands parents.... et d'autres encore. —

Il y a d'étranges pères, dont toute la vie ne semble occupée qu'à préparer à leurs enfants des raisons de se consoler de leur mort. — .....

Triste condition de l'homme et de la Société actuelle et qui dégoûte de la vie : il faut suer, veiller, se courber, dépendre, pour avoir un peu de fortune, ou la devoir à l'agonie de ses proches : celui qui s'empêche de souhaiter que son père y passe bientôt est homme de bien.....

———

Comment Proudhon n'a-t-il pas donné pour pendant à sa maxime étrange,

La propriété c'est le vol.

Celle-ci :

La succession c'est le parricide ?

Autant la première est absurde, autant la dernière est malheureusement vraie !. . . . .

. . . .

. . . .

II.

L'homme de bien est celui qui n'est ni un saint, ni un dévot, et qui se borne à n'avoir que de la vertu.

———

L'homme honnête et modéré est celui qui ne vole pas..... sur les grands chemins, et qui ne tue personne..... ostensiblement, avec un fusil ou un poignard — Celui, enfin, dont les vices et les crimes ne font aucun bruit..... Celui qui n'est ni au bagne, ni en prison, peut se vanter d'être un homme honnête et modéré....

———

L'homme honnête et modéré n'est point tenu d'être modéré dans ses désirs, dans ses haines, dans sa peur, dans ses jouissances, dans sa cupidité d'argent, de places et de croix....

On demande à **M.** de S.-Ignace en quoi il est modéré... à moins que ce ne soit en hypocrisie?....

L'habile homme approche plus en apparence de l'homme de bien que de l'homme honnête et modéré ; mais, en réalité, il est encore beaucoup plus bas dans l'échelle morale que ce dernier.

Seulement, il a eu l'art ou la modestie de dissimuler ses mérites ; il est habile surtout à cacher ses passions et ses vices sous l'apparence des vertus contraires.... Enfin, l'habile homme est presque toujours un homme honnête et modéré, jamais un homme de bien.... **M.** de **S.**-Ignace peut, à bon droit, passer pour un type exquis d'habile homme.

Dans toutes les conditions, le pauvre est bien proche de l'homme de bien, et l'opulent n'est guère éloigné de l'habile homme. — La droiture et la bonne conscience ne mènent jamais à la grande richesse.

Les fourbes croient aisément que les autres le sont ; ils ne peuvent guère être trompés et le sublime de leur art est de tromper long-temps. Voilà vingt ans que **M.** de S.-Ignace trompe. Quel brevet d'habile homme !

On ne trompe point en bien ; la fourberie ajoute la malice au mensonge. Quel tissu, quelle trame, quelle chaîne d'une telle matière, qui ont pu durer vingt ans en plein XIX° siècle, et en France ?... quelle ouvrière que cette araignée qui a ourdi une toile si durable, avec des matériaux si fragiles et que le moindre coup de balai pouvait déchirer, en montrant l'immonde insecte accroupi au fond de son trou, et comptant, couvant, digérant l'or sucé à ses nombreuses victimes !...

Dans un méchant homme il ne peut y avoir de grand que... la taille et la méchanceté, la fourbérie et la scélératesse.

Louez ses vues et ses projets, admirez sa conduite, exagérez son habileté à se servir des moyens les plus propres et les plus courts pour parvenir à ses fins ; comme ses fins sont mauvaises, la sagesse n'y a aucune part, et où manque la sagesse, trouvez la grandeur, si vous le pouvez !

————

Il y a dans ce qu'on appelle aujourd'hui le grand monde, c'est-à-dire les gens à gros revenus, des âmes sales, pétries de boue et d'ordure, éprises du gain et de l'intérêt, comme les belles âmes, de la gloire et de la vertu ; capables d'une seule volupté, celle d'acquérir par tout moyen, et de ne point perdre à tout prix ; curieuses et avides d'un gros intérêt ; uniquement occupées de leurs débiteurs ; toujours inquiètes sur la hausse ou la baisse de leurs actions ; enfoncées et comme abîmées dans les contrats, les titres, les baux, les actes de sociétés, les assemblées d'actionnaires, les répartitions de dividendes plus ou moins anticipés, les conseils d'administration si prodigues de jetons de présence, etc., etc., etc.

Les hommes doués de telles âmes savent convertir en or jusqu'aux roseaux, aux joncs, à l'hortie, au sable et au rocher.

Ils ont une soif insatiable d'avoir et de posséder. Ils affameraient de pain, de bois, ou de charbon, la France tout entière, et cela à la seule fin de faire produire les plus gros dividendes possibles aux actions de telle ou telle société d'accapareurs sans entrailles.

M. de Saint-Ignace est un de ces hommes, et, de plus, l'âme, le créateur, l'inventeur de plusieurs de ces sociétés.

Toujours est-il que des gens de cette sorte ne sont ni parents, ni amis, ni citoyens, ni chrétiens, ni peut-être des hommes..... cela n'a , ne connaît, n'aime et n'estime que l'argent.

Tu es grand, tu es puissant!... ce n'est pas assez : fais que je t'estime, afin que je sois triste d'être déchu de tes bonnes grâces, ou de n'avoir pu les acquérir!...

III.

Si les pensées , les livres et leurs auteurs dépendaient des riches de naissance , et de ceux qui ont fait une grande fortune , quelle proscription !... Heureusement , il n'en est rien.

Dieu a donné le présent aux riches oisifs , dédaigneux du savoir, amoureux des plaisirs, et plus ou moins grands par la naissance ; mais l'avenir sans bornes appartient à l'homme d'étude, sobre, vertueux, grand par la pensée et par le cœur.

Homère est encore et sera toujours.

Les capitalistes , les banquiers , les financiers de son temps ne sont plus ... Ont-ils jamais été?...

Que sont devenus ces importants personnages qui méprisaient le poète aveugle et pauvre, qui cherchaient à l'éviter dans la rue, qui ne lui rendaient pas le salut, ou qui le saluaient par son nom en l'accompagnant d'une épithète familière, en un mot, qui le regardaient comme un homme qui n'était pas riche et qui faisait un livre?....

Que deviendront nos hommes de finance, nos publicains, nos traitants, nos Mondors et nos banquiers plus ou moins juifs?... iront-ils dans la postérité aussi loin que Montaigne et Labruyère?...

Combien parlent encore des banquiers Perregaux , Laffitte

et Aguado?... Ne sont-ils pas tout entiers dans leur tombe fermée d'hier ?...

Mais nul plus que M. de Saint-Ignace ne professe un dédain, un mépris plus insultant pour tout ce qui écrit, poète ou prosateur.

Il ne saurait imaginer dans tous les autres hommes une autre fin de toutes leurs actions que la fin qu'il s'est proposée à lui-même toute sa vie : celle de devenir riche, riche, riche, toujours plus riche, et à jamais riche.

Aussi lorsqu'il rencontre un écrivain ou un philosophe, il ne peut s'empêcher de dire : « Pauvre fou! .. je le plains, » il s'égare, ce n'est pas la bonne route; au lieu de la for- » tune, c'est l'hôpital qui l'attend au bout de son chemin. »

Mais s'agit-il d'un homme qu'il veut *protéger*, c'est-à-dire exploiter à merci, et bon gré mal gré, il est encore plus attique.

Paul vient lui dire qu'il veut renverser enfin l'éteignoir sous lequel on s'efforce de l'étouffer corps et âme depuis vingt ans; qu'il veut s'essayer à écrire un livre, un drame, une comédie....

« Malheureux, s'écrie M. de Saint-Ignace, que dites-vous? » Vous voulez écrire, vous voulez vous faire auteur?..... » Vous voulez donc être un de ces gens dont on dit que, lors- » qu'ils entrent chez vous, vous ne devez plus perdre de vue » votre montre ou votre bourse, si elles sont sur la cheminée? »

M. de Saint-Ignace cherche à se tromper lui-même en tenant un tel langage; non, il n'a pas des gens qui écrivent une opinion aussi infâme; seulement, il en a peur.... Il sent qu'il pâlit sous le regard qui observe et pénètre *intus et in cute*, et devant la plume d'acier qui burine dans le marbre ce qu'a surpris ce regard importun : *il se connaît*.

De telles paroles aussi, dans une telle bouche, ont quelquefois encore un autre but : colportées avec tous les dehors d'un intérêt perfide, chez tous les amis de Paul, elles deviennent une précaution Rodinienne, et le premier fil d'une trame abominable, où l'habile et prévoyante araignée espère prendre la vie et l'honneur de cet homme, dont la plume lui fait peur, toujours peur..., car

> (1) « *Possidet tremor hypocritas*,
> « *Quia omnis hypocrita est nequam !...*

selon l'immortelle prophétie d'Isaïe qui a inspiré à saint Matthieu cette sanglante apostrophe :

> (2) « *Hypocritæ, bene prophetavit de vobis Isaïas !...* »

Nous devons pourtant convenir que, en thèse générale, il est beaucoup de ces gentilshommes riches pour lesquels tout individu qui n'a pas au soleil au moins dix bonnes mille livres de rentes est un homme dont il faut se défier ; en un mot, un misérable, un voleur !.... Ils n'admettent pas, à moins que cela, la première teinte de probité et d'honneur.

On peut juger par là combien il leur en coûte à eux-mêmes de rester honnêtes seulement dans le sens que nous avons dit ; tout cousus d'or qu'ils soient !....

---

(1)   Les hypocrites sont possédés de la peur,
        Car tout hypocrite est lâche et méchant de cœur.

(2)   Hypocrites, de vous Isaïe a dit vrai !...

IV.

Ceux qui nous ravissent les biens par la violence ou par l'injustice, et qui nous ôtent l'honneur par la calomnie, nous marquent assez leur haine pour nous ; mais ils ne prouvent pas également qu'ils manquent d'estime à notre égard…. cela signifie seulement qu'ils nous craignent.

———

M. de Saint-Ignace dit, ou plutôt fait dire, c'est plus habile et plus conforme à son caractère, tant de mal de cet homme, que je commence à le soupçonner doué d'un grand et véritable mérite.

———

Lorsque M. de Saint-Ignace veut calomnier, et qu'il ne trouve rien à dire sur le présent et sur le passé, il calomnie l'avenir :

» Gustave, dit-il, est un garçon admirable de bon sens, de » raison, de conduite et d'esprit. »

Mais il a soin d'ajouter aussitôt :

« Son seul défaut est d'être ainsi depuis l'âge de quinze » ans ; il n'a pas eu de jeunesse ; l'heure des folies sera pour » lui d'autant plus orageuse qu'elle se sera fait long-temps » attendre…. »

Celui auquel s'adresse cette calomnie *par anticipation* songeait à un mariage, et à donner sa fille à l'homme à jeunesse tardive. « Vous pourriez bien avoir raison, cela se voit trop » souvent. »

C'est ainsi que répond le bonhomme à l'excellent M. de Saint-Ignace, qui rit sous cape, tout heureux du succès de sa ruse et du bon tour qu'il vient de jouer au pauvre diable en question.

———

Il se pourrait que M. de Saint-Ignace ne fût pas tout à fait désintéressé dans l'affaire.

Ce mariage qui eût assuré le bonheur et le sort de ce jeune homme l'eût mis à l'abri de ses griffes, et ce n'est pas ce qu'il veut....

M. de Saint-Ignace a reconnu à ce sujet, malheureusement pour lui, une aptitude et une intelligence plus qu'ordinaires, un dévoûment et une loyauté à toute épreuve, une ardeur et une volonté invincibles et qu'aucune difficulté n'arrête.

Or, M. de Saint-Ignace, dès qu'il a flairé une de ces natures d'élite, cherche tous les moyens de se l'approprier, afin de l'exploiter à son unique profit, et il ne trouve rien de mieux pour l'absorber entièrement que d'en faire son plus cher protégé, et de lui prendre les pieds, les mains, le cœur et la tête dans la toile de la reconnaissance.

Enfin, c'est une mouche succulente que l'ignoble araignée tient déjà par les pattes et qu'elle s'apprête à dévorer.

Il y a par le monde de singuliers protecteurs; en voici une variété:

Lorsqu'un protégé est devenu sous sa main meurtrière, *perinde ac cadaver*, à force de l'avoir écrasé de travail et d'en avoir exprimé tout le suc, M. de Saint-Ignace lui obtient un emploi de 12 à 1500 fr. dans une impasse quelconque où il mourra. — M. de Saint-Ignace n'aime le progrès que pour lui et les siens.

Mais si l'âme, si la pensée du protégé n'est pas encore usée, abîmée comme son corps; si le protecteur lui a reconnu une certaine valeur, et s'il s'aperçoit qu'il lui reste encore vivante une fibre par laquelle la force et la puissance peuvent revenir à l'instrument mis au rebut, M. de Saint-Ignace prend peur alors de sa victime; l'infortuné n'est plus qu'un être malfaisant et dangereux, car il a peut être pénétré et lu dans les replis du cœur de son noble maître, et ce-lui-ci sait tout ce qu'il a pu y lire ; nous l'avons dit, *il se connaît.*

Alors il lui faut la mort, la véritable mort de ce cher protégé, par la faim ou le suicide, l'empoisonnement ou le choléra, la névrose aiguë ou le squirrhe........

Il l'isole donc dans le monde, il lui tend tous les piéges, lui ferme toutes les avenues, et le fait périr ainsi sans qu'il s'en doute ; loin de là, il le plaint, il l'embrasse — M. de Saint-Ignace embrasse beaucoup ! — le caresse et l'endort sous son ombre de mancenillier, et il ne l'abandonne cette fois que lors-qu'il est bien véritablement un cadavre broyé sous la dent de ce qu'il appelle la fatalité...... fatalité en effet sombré et ter-rible, la seule à laquelle on doive croire et devant laquelle il faille trembler !.....

O vous tous qui accusez le sort, regardez bien autour de vous, scrutez tous les cœurs, toutes les âmes, tous les intérêts qui vont se croisant sur votre chemin , soulevez toutes les pierres, et vous découvrirez enfin cette torpille qui engour-dit vos membres et glace votre cœur, et s'il en est temps en-core, fuyez et mettez entre vous et l'affreux reptile un hé-misphère, un monde !.....

Ou bien si vous vous sentez encore assez de force et d'é-nergie pour lutter, armez-vous d'une pierre, je veux dire d'une plume, et écrasez le monstre sous sa hideuse infamie.

Soyez celui que Job désigne dans ces redoutables versets :

(1) « *Innocens contra hypocritam suscitabitur,*
» *Et spes hypocritæ peribit.* »

V.

Un homme pieux n'est ni avare, ni injuste, ni violent, ni cupide, ni haineux, ni intéressé.

---

(1)   Contre l'hypocrite l'innocent se lèvera,
          Et l'espérance de l'hypocrite périra.

Or, M. de Saint-Ignace est, à la suprême puissance, avare,
injuste, violent, cupide, haineux, intéressé : donc il n'est
point pieux ; mais il veut être cru tel, et, en singeant la
piété la plus parfaite, il n'a garde de faire un pas, une démarche, un signe de croix qui n'ajoute quelque chose à sa
fortune.

Ses yeux creux, ombragés, comme ceux des oiseaux de
nuit, de longs sourcils chanvreux, paraissent toujours fixer
la terre, selon la règle des révérends pères ; mais le diable y
perd peu, et rien n'échappe à ces regards obliques que M. de
Saint-Ignace lance en dessous et que nul n'aperçoit.

La démarche lente et modeste et le dandinement de
l'homme d'État en disponibilité lui sont familiers ; il sort
toujours chargé de paperasses, de budgets, ou d'un immense portefeuille ; il joue son rôle.

S'il entre dans une église, il perce la foule, choisit un en-
droit pour se recueillir, et où tout le monde voit qu'il s'hu-
milie. S'il entend des voisins qui parlent, qui rient, qui se
tiennent mal, il fait plus de bruit qu'eux pour les faire taire :
il reprend sa méditation qui est toujours la comparaison qu'il
fait de ces personnes avec lui-même, et où il trouve son
compte. — Quelquefois aussi il médite...... quelque noire
machination pour perdre un ennemi, ou pour augmenter
encore son immense fortune, à laquelle il prie Dieu de n'as-
signer aucune borne.

L'éclat et le bruit d'un scandale quelconque sont ce que
M. de Saint-Ignace redoute le plus au monde ; aux hommes
qui n'agissent que dans l'ombre, il ne faut pas de ces chocs
d'où jaillissent même des étincelles ; ils sont perdus aussitôt
que l'on dissipe les épaisses ténèbres dont ils s'entourent avec

tant de soin. — Comme la chouette, l'araignée aussi a horreur du jour et de la lumière ; elle ne travaille que dans les ténèbres, et en secret.

———

M. de Saint-Ignace n'en professe pas moins une sainte adoration pour les successions ; selon l'admirable expression d'Ezéchiel, « *non extinguetur in illo flamma successionis,* » rien en lui n'éteindra la flamme de la succession. »

Mais il ne s'attaque qu'à la ligne collatérale ; la ligne directe est trop scabreuse ; de la première, il en a déjà les mains pleines. — Avec quel accent onctueux et séraphique il s'écrie : « Ah ! mon ami, c'est une mort providentielle ! » Elle lui vaut cinquante mille écus.

Tout lui est bon : il accapare le pécule de la vieille fille, du vieux garçon, du vieux prêtre, de la vieille religieuse, de la vieille cuisinière ; il maquignonne leurs fonds, leur vend, leur achète, leur tripote des actions de sa façon ; mais soyez sûr qu'il y trouve toujours son compte, et si, dans les bénéfices qu'il réalise avec ces nobles opérations, il en est quelques uns qui pourraient paraître quelque peu illégitimes à un esprit vraiment droit, probe, moral, honnête et délicat, soyez convaincu qu'il sait colorer son affaire avec tant d'art que cela ne ressemble plus à une capitulation de conscience...

———

Enfin, M. de S.-Ignace pense qu'il en est de l'argent comme de la calomnie, et qu'il en reste toujours quelque chose ; c'est pourquoi il est aussi avide et avare de l'un que prodigue de l'autre.

Et puis, n'est-il pas l'exécuteur né de toutes les clauses testamentaires portant legs de bienfaisance ; et l'œuvre pie ne doit-elle pas doubler ses mérites, en passant par les mains d'un aussi saint personnage !.....

Aussi, malheur à celui qui lui demande un remboursement

avant ce fortuné moment!... C'est presque un vol qu'on lui fait, et dès lors on cesse d'être son ami.

M. de S.-Ignace se donne surtout pour l'héritier légitime de tout vieillard qui meurt riche et sans enfant; et il faut que celui-ci le déshérite, s'il veut que ses parents recueillent sa succession.

Si M. de S.-Ignace ne trouve pas à les en frustrer complètement, il leur en ôte du moins une grande partie.

Une petite calomnie, moins que cela, une légère médisance lui suffit pour ce pieux dessein, et c'est le talent qu'il possède à un plus haut degré de perfection; il se fait même une règle de conduite de ne pas le laisser inutile; il y a des gens, selon lui, qu'on est obligé, en conscience, de décrier; et ces gens sont toujours ceux qu'il n'aime point, et auxquels il veut nuire, soit par intérêt, parce qu'ils peuvent faire obstacle à ses projets de fortune monstre; soit par crainte, parce que leur regard profond a pénétré dans son âme méchante et perverse, et qu'il a sondé cet abîme d'infamies; soit enfin pour le seul plaisir de nuire, et pour s'entretenir la main.

M. de S.-Ignace arrive quelquefois à ses fins, sans se donner même la peine d'ouvrir la bouche; on lui parle de Gaston, il sourit ou il soupire; on l'interroge, on insiste, il ne répond rien, et il a raison—il en a dit assez.

Un homme sujet à se laisser prévenir, surtout s'il est fort riche et très âgé, est une proie presque assurée pour M. de S.-Ignace.....

Le mal attisé par lui devient bientôt désespéré, incurable; ce mal infecte tous ceux qui s'approchent du malade; il fait déserter les égaux, les inférieurs, les parents, les amis, jusqu'aux médecins eux-mêmes ; il fait une solitude affreuse autour de lui.

Il n'y aurait qu'un seul remède pour le guérir : ce serait de le faire convenir de sa maladie, s'il était possible, et de le faire écouter, douter, s'informer, s'éclaircir.

Les flatteurs, les fourbes, les calomniateurs, ceux qui ne délient leur langue que pour le mensonge et l'intérêt, sont les charlatans en qui il se confie, et qui lui font avaler tout ce qu'il leur plaît ; ce sont eux aussi qui l'empoisonnent et qui le tuent !...

M. de S.-Ignace excelle dans ce rôle ; mais il n'a garde de paraître en personne ; il, enveloppe seulement sa victime de toutes ses toiles les plus déliées ; je veux dire de ses créatures, de ses complices et de ses affidés les plus dévoués, c'est-à-dire les plus infâmes, comme son confesseur et son médecin, Rodin et Baleinier. — C'est lui qui leur dicte tout ce qu'ils doivent dire et faire.....

Il ne faut pas juger des hommes comme d'un tableau ou d'une figure, sur une seule et première vue : il y a un intérieur et un cœur qu'il faut approfondir ; le voile de la modestie couvre le mérite, et le masque de l'hypocrisie cache la noirceur et la malignité.

Il n'y a qu'un très petit nombre de connaisseurs qui discernent et qui puissent prononcer ; ce n'est que peu à peu, et forcés même par le temps et les occasions, que se révèlent enfin la vertu vraie et parfaite, et le vice hypocrite et consommé.

VI

Qui oserait mettre en doute que M. de Saint-Ignace, du faîte de sa haute moralité, ne lance en toute occasion l'anathème sur l'abominable doctrine de Malthus, qui atteint l'espèce humaine dans sa source? — Sinon, M. de Saint-Ignace serait-il, par excellence, cet homme moral qu'il affiche sur son visage saintement penché, et dans ses discours édifiants ?....

N'affecte-t-il pas en outre des principes de haute dévotion, et d'une si grande sainteté qu'on ne peut imaginer qu'il ne pratique de son mieux le divin précepte conservateur de l'espèce humaine : « *Allez et multipliez..* »

———

D'où vient que personne aujourd'hui n'ose dans ce château aborder M. de Saint-Ignace? Un rien l'irrite ; il s'emporte sans aucune raison, et cette fâcheuse disposition dure depuis près de huit mois ; mais on voit qu'aujourd'hui le mal est à son paroxisme.

L'abattement le plus profond succède à des moments de colère terribles.

Que s'est-il donc passé ?... Aurait-il, à la suite d'une longue maladie, perdu quelqu'un qui lui fut cher ?

Non, ce ne peut être un tel motif, cet homme gagne toujours quelque chose avec la mort, et il n'est sensible qu'aux pertes d'argent. — Quelque malheureuse spéculation aurait donc dédoublé sa fortune?... — Oui et non. — Comment cela ? — Sa femme vient d'accoucher d'un troisième enfant.

———

En face du château de M. de Saint-Ignace, la chaumière d'un pauvre journalier est pleine de mouvement et de joie ; je vois un homme en guenilles, un marmot dans les mains ; il lui sourit, il pleure d'allégresse, il bénit, il embrasse sa femme qui vient de lui donner un sixième enfant ; il l'en aime davantage.

Cet ouvrier est l'homme de la nature, fille de Dieu, féconde et providentielle.

———

M. de Saint-Ignace est seul dans son cabinet, les deux coudes sur une table, la tête dans ses mains ; il pleure de rage, en maudissant la fécondité de sa femme.

M. de Saint-Ignace est un des hommes les plus remarquables qu'ait enfantés Saint-Acheul ; il est l'expression dernière de la plus exquise civilisation ; en un mot, c'est ce que sa coterie appelle : *un ministre de l'avenir !...* Quel avenir et quel ministre !......

Ajoutons enfin que notre pauvre journalier partagera son morceau de pain en huit portions au lieu de le partager en sept, tandis que M. de Saint-Ignace ne voulait pas plus d'enfants qu'il n'a de millions. — Il cherche maintenant où il pourra trouver et prendre son troisième million, et voilà ce qui le fait pleurer.

Je commence à trembler pour la probité et l'honneur de cet infortuné millionnaire.

Je dois dire qu'en revanche le pauvre journalier boira un peu moins et travaillera un peu plus.

Là finit notre étude et commence le drame !...

Septembre 1848.